APFNet "一带一路" 绿色合作与发展系列

U0664262

大中亚区域林业发展报告丛书

土库曼斯坦林业发展报告

亚太森林恢复与可持续管理组织（APFNet） 编

中国林业出版社

图书在版编目（CIP）数据

土库曼斯坦林业发展报告 / 亚太森林恢复与可持续
管理组织（APFNet）编 .—北京：中国林业出版社，
2017.5

（"一带一路"绿色合作与发展系列·大中亚区域林
业发展报告丛书）

ISBN 978-7-5038-9024-6

Ⅰ.①土… Ⅱ.①亚… Ⅲ.①林业经济—经济发展—
研究报告—土库曼斯坦 Ⅳ.① F336.362

中国版本图书馆 CIP 数据核字 (2017) 第 095601 号

责任编辑：刘开运　张健　谷玉春

出版：中国林业出版社（100009 北京西城区德胜门内大街刘海胡同 7 号）

E-mail：Lucky70021@sina.com 电话：010-83143520

发行：中国林业出版社总发行

印刷：北京卡乐富彩色印刷有限公司

印次：2017 年 5 月第 1 版第 1 次

开本：787mm×1092mm　1/16

印张：4

字数：80 千字

定价：48.00 元

大中亚区域林业发展报告丛书
编委会

"一带一路"经济走廊及其途径城市分布地势图

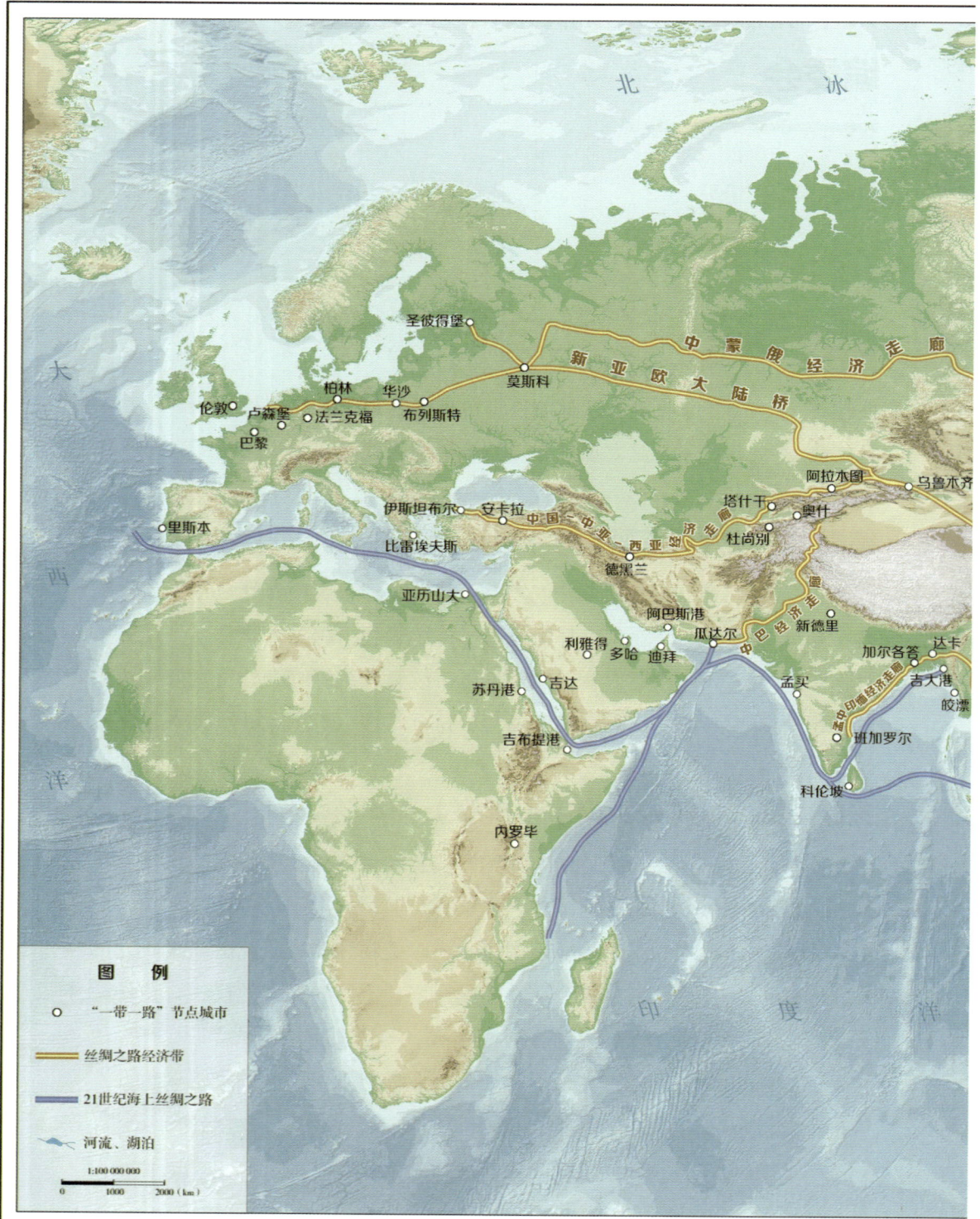

北　冰　洋

圣彼得堡

中　蒙　俄　经　济　走　廊

莫斯科　新　亚　欧　大　陆　桥

柏林　华沙

伦敦　卢森堡　法兰克福　布列斯特

巴黎

大

西

里斯本　伊斯坦布尔　安卡拉

比雷埃夫斯　中国—中亚—西亚经济走廊

亚历山大

德黑兰

洋

阿巴斯港

利雅得　瓜达尔

多哈　迪拜

苏丹港　吉达

吉布提港

内罗毕

阿拉木图　乌鲁木齐

塔什干

奥什

杜尚别

中巴经济走

新德里

加尔各答　达卡

孟买　吉大港

中孟印缅经济走廊　皎漂

班加罗尔

科伦坡

印　度　洋

图　例

○　"一带一路"节点城市

── 丝绸之路经济带

── 21世纪海上丝绸之路

～　河流、湖泊

1:100 000 000

0　1000　2000（km）

审图号：GS(2016)1764号

高程／(m)　>6000　6000　5000　4000　3000　2000　1000　500　100　0

洋

伊尔库茨克

乌兰巴托

布拉戈维申斯克
（海兰泡）

哈巴罗夫斯克
（伯力）

符拉迪沃斯托克
（海参崴）

北京

釜山

西安

新亚欧大陆桥

上海

福州

昆明
河内 南宁

曼德勒
万象

太 平 洋

曼谷

中南半岛经济走廊

吉隆坡
关丹
新加坡

雅加达

达尔文

悉尼

国家测绘地理信息局 监制

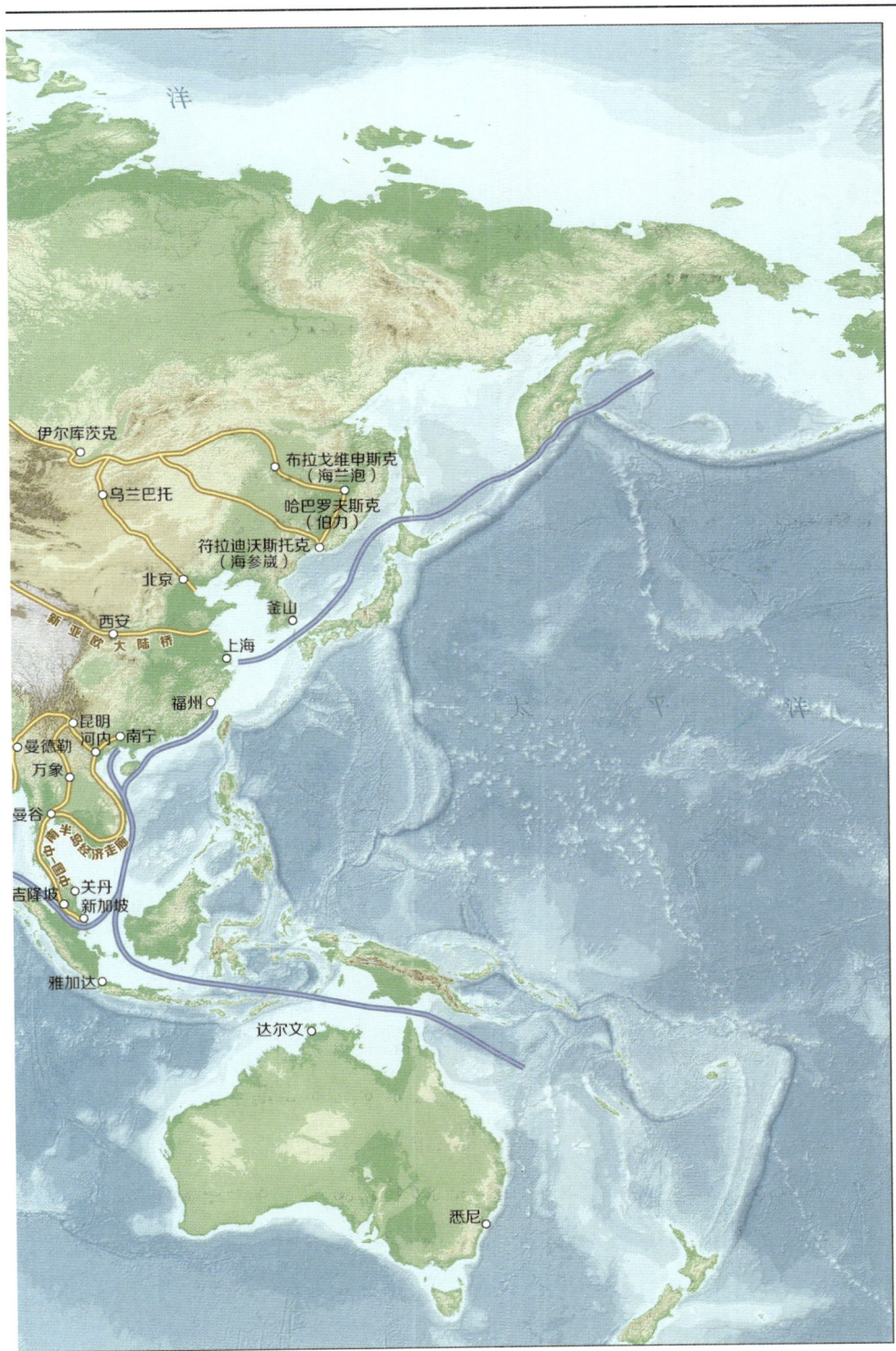

200 −1000 −2000 −3000 −4000 −5000 −6000 −7000 <−7000

"一带一路"经济走廊及其途径城市分布示意图

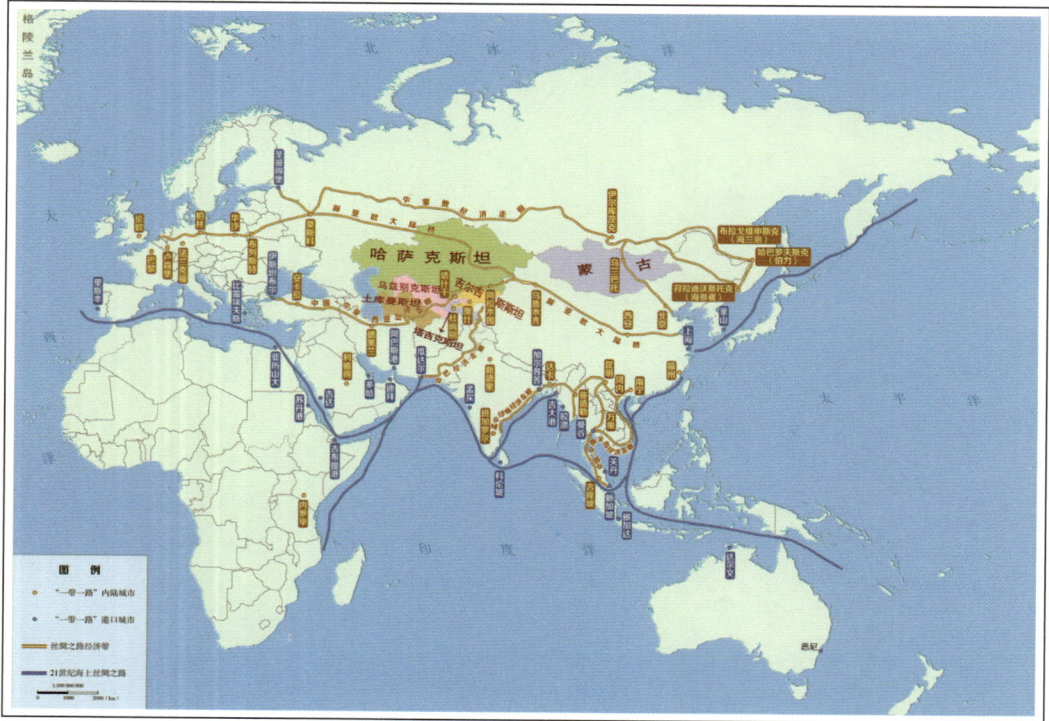

审图号：GS（2016）1762 号

国家测绘地理信息局 监制

亚洲地图

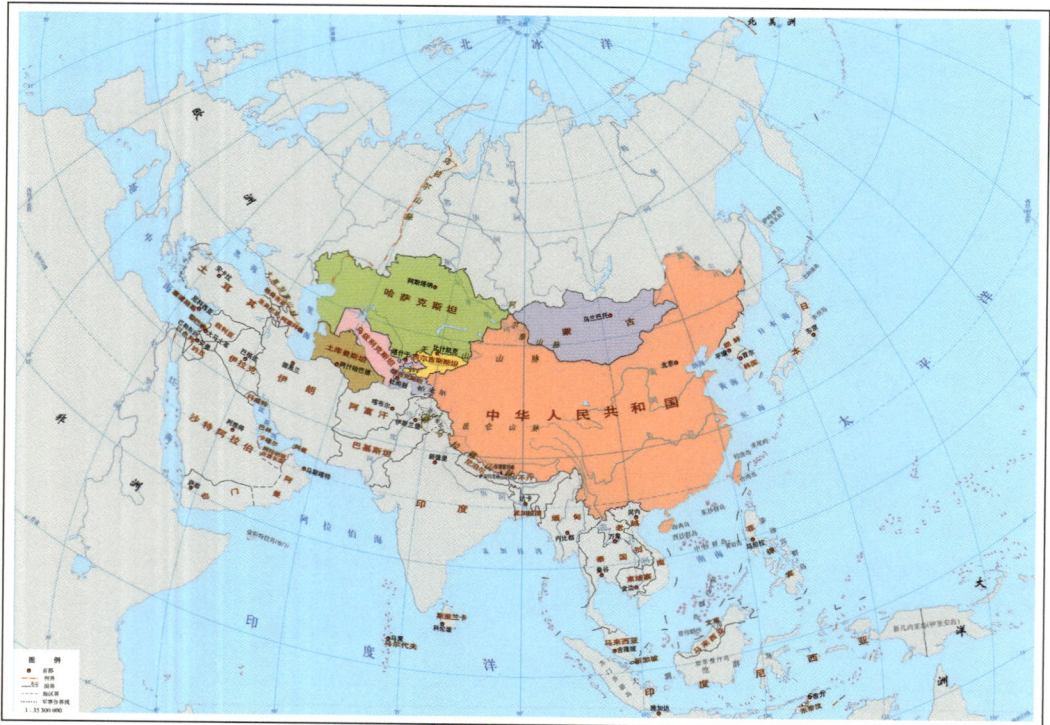

审图号：GS（2016）1762 号

国家测绘地理信息局 监制

前　言

　　大中亚地区广义上主要包括哈萨克斯坦共和国、乌兹别克斯坦共和国、塔吉克斯坦共和国、土库曼斯坦、吉尔吉斯共和国及蒙古国等经济体。大中亚各经济体多位于干旱及半干旱地区，土地类型多为草原和牧场，农地和林地所占比例小。

　　随着全球经济一体化步伐加快及大中亚地区经济复苏，区域内各经济体均处于经济转型和管理方式转变的关键时期，各经济体政府开始更加关注林业的生态价值和服务功能，积极开展森林可持续管理，提高林业对整体国民经济的贡献。尽管区域内各经济体体制环境不同，但林业发展都面临着许多共同问题，因此林业合作互补性较强，合作前景仍十分广阔。

　　亚太森林恢复与可持续管理组织（APFNet），作为一家总部设在中国的国际组织，一直秉承"推动亚太区域森林可持续发展"的宗旨，以推动大中亚地区林业发展和合作为出发点，与大中亚各经济体林业主管部门官员和专家合作编写了"一带一路"绿色合作与发展系列之大中亚区域林业发展报告丛书，该丛书共分6种，依次为哈萨克斯坦共和国林业发展报告、乌兹别克斯坦共和国林业发展报告、塔吉克斯坦共和国林业发展报告、土库曼斯坦林业发展报告、吉尔吉斯共和国林业发展报告和蒙古国林业发展报告。书中通过对各经济体林业现状、林业对经济发展的贡献、林业政策法律和发展战略、林业教育与科研、林业国际合作及森林管理最佳实践进行资料数据收集和分析，提炼出该区域林业发展基本情况，填补了国际大中亚林业发展系统研究的空白，为今后开展大中亚地区林业合作提供了重要的理论依据。

　　吉尔吉斯共和国国家环境与林业局、塔吉克斯坦共和国林业局、乌兹别克斯坦共和国林业局、土库曼斯坦国家环境保护与土地资源委员会、哈萨克斯坦共和国农业部、蒙古国环境和旅游部对出版本丛书给与了大力支持，在此一并表示感谢！衷心期待大中亚地区林业合作不断结出累累硕果。

　　鉴于编写本书时间较短，特别是对各经济体森林经营管理最佳实践未能进行更深层次的调研，书中难免有错误和纰漏之处，敬请读者予以指正。

曲桂林

亚太森林恢复与可持续管理组织秘书长

目 录

前言

缩写与缩略语

1. 林业发展现状　　　　　　　　　　　　　　　01

1.1　概述　　　　　　　　　　　　　　　　　03

1.2　土地利用概况　　　　　　　　　　　　　04

1.3　森林和林地的范围　　　　　　　　　　　05

1.4　城市林业　　　　　　　　　　　　　　　08

1.5　再造林和造林　　　　　　　　　　　　　09

1.6　社区林业　　　　　　　　　　　　　　　10

1.7　影响森林和林业的内因和外因　　　　　　10

2. 林业对经济发展的贡献　　　　　　　　　　11

2.1　森林和林地的经济和环境意义　　　　　　13

2.2　森林和林业的融资和投资　　　　　　　　13

2.3　森林、生计和贫困　　　　　　　　　　　14

3. 林业政策与法律　　　　　　　　　　　　　15

3.1　政策、法律和制度框架　　　　　　　　　17

3.2　森林发展的短期和长期计划　　　　　　　20

3.3　林业发展的历史和未来　　　　　　　　　21

4. 森林可持续管理的最佳实践　　23

　4.1　水土保持　　25

　4.2　荒漠化治理　　27

　4.3　牧场退化治理　　27

　4.4　盐碱化治理（咸海区）　　28

　4.5　森林火灾和病害预防　　28

　4.6　森林资源和非林产品的综合利用　　29

5. 林业教育与科研　　31

　5.1　林业教育统计　　33

　5.2　林业机构技术能力　　34

6. 林业国际合作项目　　35

7. 林业国际合作进程　　39

8. 林业发展面临的机遇与挑战　　43

附录　　47

参考文献　　49

图目录

图 1–1　按退化形式列出的土地分布示意图　　　　　　　　05

图 1–2　土库曼斯坦的森林分布图　　　　　　　　　　　08

表目录

表 4–1　阿克特凯造林计划中种植的树种　　　　　　　　26

表 5–1　发展林业科学研究的行动计划　　　　　　　　　33

缩写与缩略语

APFNet	亚太森林恢复与可持续管理组织
BSAP	《生物多样性战略和行动计划》
CBD	《生物多样性公约》
CEPLR	环境保护和土地资源委员会
FAO	联合国粮农组织
GEF	全球环境基金
GIZ	德国技术中心
GTZ/GEOPLAN	德国技术援助机构
JSC	经费自给股份公司
NIDFF	动物研究所
NTFPs	非木质林产品
SFF	土库曼斯坦的国家森林基金
SFM	森林可持续经营
TACIS	塔西斯计划
UNDP	联合国开发计划署
UNEP	联合国环境规划署
WWF	世界自然基金

1. 林业发展现状

1.1 概述

1.2 土地利用概况

1.3 森林和林地的范围

1.4 城市林业

1.5 再造林和造林

1.6 社区林业

1.7 影响森林和林业的内因和外因

1.1 概述

土库曼斯坦是中亚五个经济体之一，其国土面积在中亚五国中位居第二。它位于中亚沙漠地带的西南部，北到土库曼–霍拉桑山系的科彼特达格山脊，西到里海，东到阿姆河。土库曼斯坦北部与哈萨克斯坦共和国接壤，东部和东北部与乌兹别克斯坦共和国毗邻，东南接阿富汗，南临伊朗伊斯兰共和国。里海是该经济体的西部自然边界。

图兰低地沙漠位于土库曼斯坦北部和中部地区，包括中央卡拉库姆沙漠、祖安古兹卡拉库姆沙漠和东南卡拉库姆沙漠（约占土库曼斯坦国土总面积的 80%）。

该经济体南部为山脉，山脉占据了土库曼斯坦 20% 的领土面积。除沙漠覆盖的地区外，土库曼斯坦境内均为科彼特达格山脉的低山和山麓地区，中等山脉高度达到了海拔 2942 米。此外，还有独立的六小巴尔干馍山脊。往东是可支坦岱格山脉，海拔高度为 3140 米，为土库曼斯坦最高峰。

土库曼斯坦属于典型的大陆性干燥气候，这种气候的特征是日夜和四季温差很大。降水少，空气湿度低且云量少导致了土库曼斯坦的气候极度干燥。其温度变化年均值在 21℃ 至 34℃ 之间。

土库曼斯坦位于北半球延伸沙漠地带，土库曼斯坦的森林就是在这种恶劣气候条件下生长的。

森林是调节气候变化的重要手段，而可持续性的森林管理将有助于生态系统与生物群落自我恢复能力的提高，使森林与树木在吸收二氧化碳与森林储备方面所起的作用最大化，并发挥其他环境方面的作用。

气候变化会对地球、森林以及以森林为生的人们构成严重威胁，且如果行动滞后于实际需求也会造成危害。气候变化还可能危害树木健康，并降低生态系统恢复能力。

气候变化将给中亚经济体带来严重危害，并对已处于次优条件下的农林业和自然生态系统的可持续性产生负面影响。据 IPCC 报告估计，干旱期延长且干旱程度增强会加剧干燥。目前土库曼斯坦的人口出现了迅速增长，50% 的人口生存需要依赖旱地上的各种植被。据推算，现在的干旱林将会逐步转变为生产力较低的森林草地混交林或草地。农场主、小农和牧民将在维持生产力方面面临困难，从而导致生态系统进一步恶化。土库曼斯坦的主要土地利用形式是牧场，这些牧场是从自然植被中选择性地保留一些树种而形成的。牧场区可形成特定的微气候，为人类提供各种产品（例如肉、牛奶、羊毛），并为作物和动物提供保护；同时，牧场有调节水力平衡的功能（牧场可增加土壤蓄水量），这就有效增加与年水分盈余相关的土壤容积。然而，幼树短时间内无法与老树发挥同样功能，在气候发生变化的情况下，幼树的存在就增加了土地利用的脆弱性。

气候对林业和农业至关重要。因此，从区域层次上对未来几十年的气候情形进行详细分析，可在缓解以下问题中发挥决定性作用：①帮助个体农户调整其栽培品种以维持其生产力和收入；②维护区域农林业的功能；③给出社会经济发展整体规划的正确方向。

土库曼斯坦的旱地生态系统极其脆弱，其旱地和亚山区退化土地的复垦也是一个长期过程。过去的森林砍伐及树木和灌木退化（主要转为农业用途），以及森林与林地的过度开采（通过薪柴采集和过度放牧）是导致土库曼斯坦干旱地区土壤退化的主要原因。

恶劣且异常干燥的大陆性气候、高度缺水、蒸发强烈以及周期性风沙天气是土库曼斯坦气候的主要特征。在土库曼斯坦，水蒸发量是降水量的20多倍。由于干旱且空气温度较高，农业劳动及树木、灌木和木本植被种植和生长只能依靠人工灌溉。

在过去几年中，森林中的野生动物有所增加；定期灌溉，也使得食物供应情况正在日趋改善。土库曼斯坦的森林生态系统生物多样性保护能力得到了进一步增强。

1.2　土地利用概况

土库曼斯坦的国土总面积为4910万公顷。2006年，农业用地面积为4290万公顷，其中3850万公顷（95.7%）是牧场，190万多公顷（4.3%）是灌溉地，250万公顷（0.24%）是多年生植物林场。

耕地主要通过侵占牧场用地得以扩张。土地复垦储备用地（由适合进一步发展的地区组成）主要包括牧地。土地复垦储备用地约1770万公顷，位于古三角洲和山麓平原地区。根据土壤肥沃程度进行如下分类（根据土壤质量降序列出）：轻质灰钙土（灰土），有很久之前用作灌溉用地的牧场灰钙土和牧场类龟裂土土壤两种，均主要用于灌溉农业；龟裂土（灰棕色）土壤也被用作牧场。

棕色土壤和深色灰钙土，广泛分布在土库曼斯坦山区，约占国土总面积的5%。这些土壤被用作牧场，在一些地方也被用作谷类作物的旱地种植地。不合理的土地资源利用可能会导致土壤退化和生产力下降。

土地退化过程存在各种局部和区域迹象，主要表现为灌溉地的次生盐化、水涝、风水侵蚀及采用新工艺带来的荒漠化。

造成土地退化的自然和人为因素与干旱气候地区的农业发展密切相关。农业活动会引发一系列的环境问题。根据土库曼斯坦环境保护和土地资源委员会国家沙漠、植物和动物研究所提供的数据，44.6万平方千米的土地（土库曼斯坦国土面积的91.4%）正发生着不同形式的退化。如图1-1所示，约75%的土地退化与地面植被被破坏直接相关，土地退化主要是由人为因素（如农耕、过度放牧和火灾）引起的。引起土地退化的另一因素是气候条件，在干旱地区，逐年干旱会导致地表植被生物量减少。

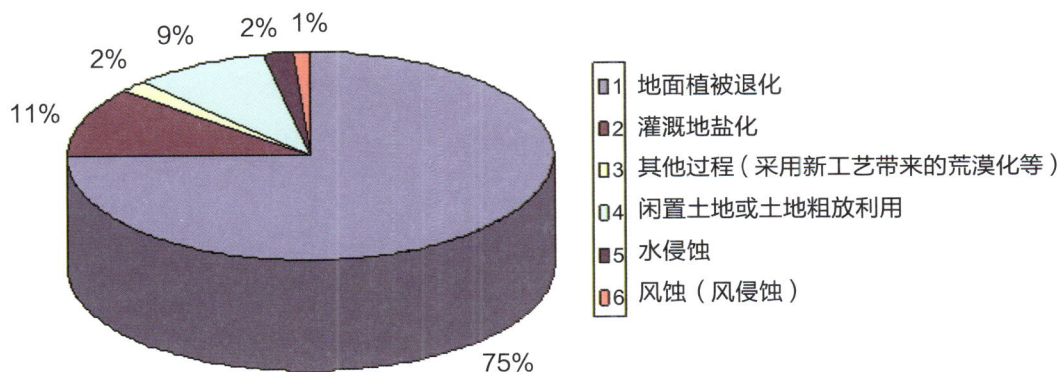

图1-1　按退化形式列出的土地分布示意图

1.3　森林和林地的范围

1.3.1　森林资源

土库曼斯坦为低森林覆盖率经济体（根据FAO指标，低森林覆盖率经济体为森林覆盖率低于10%的经济体）。根据1988~1989年的森林资源调查数据，土库曼斯坦的国家森林基金（SFF）所覆盖的总面积指标为990万公顷，约占国土面积的20.3%。而实际上，土库曼斯坦的森林覆盖面积仅为412.7万公顷，相当于SFF指标的41%。如此一来，土库曼斯坦的森林覆盖率仅为8%。

土库曼斯坦的森林具有保护性功能，因此将其归为I类森林。在森林基金总面积中，有 645.81 万公顷被长期用作畜牧业用地。保护类森林覆盖地区分布如下：

- 水资源保护区（江河沿岸）26200 公顷

- 土壤保护区 3081600 公顷

- 卫生和娱乐区 3800 公顷

- 专门保护的自然区 789200 公顷

- 其他地区 226000 公顷。

土库曼斯坦森林主要分为三种类型：山地森林、沙漠林和河谷（河岸）森林。

1.3.2　山地森林

主要树种为土库曼刺柏，构成科彼特达格山脉生物群落和生态系统的主要组成部分。总面积为 6.62 万公顷，其中幼龄林 400 公顷、中龄林 6900 公顷、熟化林 1.51 万公顷、成熟和过熟林 4.38 万公顷，木材储量为 132 万立方米，其中 101 万立方米是中龄林和熟化林。

胡桃木的主要生长地区为西部科彼特达格的山地森林及孙巴尔河和阿哇兹河流域。其占地面积较小，仅 100 公顷。

土库曼斯坦山地森林的特点是物种十分丰富，是珍贵木材（刺柏、枫树、山楂树、扁桃树、小檗、朴树、野蔷薇、枣树等）原材料的主要来源。

南部科彼特达格地区有生长于土库曼斯坦西南部的阿月浑子林分，这是帕拉帕米兹山系阿月浑子种群的延续，现已被引进到土库曼斯坦境内，主要分布在库什卡东部（"库什卡树丛"）和库什卡西部（普勒树丛、喀哈土穆树丛和拜德希兹森林保护区，均被称为"拜德希兹"）这两个地区。在这两个地区，阿月浑子种群（近 7.5 万公顷）多生长在海拔 600~1000m 范围内，多孤立生长且十分罕见。阿月浑子是一种典型的亚热带植物，特别适合在土库曼斯坦的半沙漠山麓地区的恶劣条件下生长。众所周知,除扁桃树之外，没有其他树种可承受如此低水份的生长条件。阿月浑子耐干热季高温。阿月浑子的主要果树种植区位于土库曼斯坦西南部和南部的库什卡森林和拜德希兹保护区内。

阿月浑子有很强的水土保持作用，可对山麓的微气候产生积极影响。此外，这种神奇的植物可产出含油量高的阿月浑子果实（开心果）。阿月浑子是土库曼斯坦干果树木中唯一有价值的园艺植物。近年来，种植阿月浑子的机构数量成倍增长，阿月浑子的种植也增加了农民的收入。

1.3.3 沙漠森林

土库曼斯坦沙漠地带的植被通常是喜干旱植物（可耐受干旱条件），且地方性物种繁多。其中，主要的木材和灌木树种是梭梭、黑梭梭、鹿尾草、沙拐枣、麻黄、银沙槐和黄芪、白梭梭，生长于土壤颗粒较细、地形较高地区。白梭梭林分的密度通常低于黑梭梭，平均可达到 400~500 棵 / 公顷。黑梭梭喜密实砂质土，往往生长于起伏较大的地形上。具有较长树龄的黑梭梭树的高度可达 6~7 米，重量可达 1 吨。总生物量最高可达 40 吨 / 公顷。

多年生草本植物也是沙漠植被的重要组成部分。它们可大量储存养分，是极具潜力的畜牧业储备资源。梭梭林总面积为 68.81 万公顷，其中幼龄林 1.5 万公顷、中龄林 28.41 万公顷、近熟林 32.07 万公顷、成熟和过熟林 6.79 万公顷。木材产品储量达 205 万立方米，其中 172 万立方米为中龄林和近熟林。

土库曼斯坦在沙漠地区造林方面拥有丰富的经验，造林旨在防止荒漠化，并促使这些地区经济发展（牧场）。森林改良广泛应用于沙漠地区的铁路建设中。沙漠森林对沙化地区居民具有重要意义，可为其提供牧场、木柴和建筑材料。

1.3.4 河谷森林（河岸森林）

沙漠平原森林是干旱地区河谷和三角洲地区的典型森林类型。河谷林系指中亚经济体泛滥平原和河流三角洲地区的森林，如阿姆河、泽拉夫尚河、捷詹河、穆尔加布河、孙巴尔河和锡尔河。土库曼斯坦的典型河谷林多分布于沿河流或运河的狭长地带，宽度从几百米到几千米不等。如今，土库曼斯坦河谷森林总面积达 3.88 万公顷。

土库曼斯坦河谷林植被能够忍受极度潮湿的土壤和非常干燥的气候，可抵抗干旱和高盐分、高蒸腾强度，且易于生不定根（不定根是植物无性繁殖的典型方式）。

河谷林植被可以分为三类：河谷林树木、河谷林灌木和河谷林草地。河谷林植被包括 230 多种植物种类，被视为中亚干旱地区最多样的植被类型之一。河谷林主要树种有白杨、沙枣和柳树。与这些树种伴生的灌木和高茎草有柽柳、铃铛刺、芦苇、芦苇草、甘草、罗布麻、白茅、芦竹等。在良好的生长条件下，河谷林通常呈现出生物多样性高、垂直结构与横向结构复杂的特征，可为动物提供多样化的微生环境（图 1-2）。

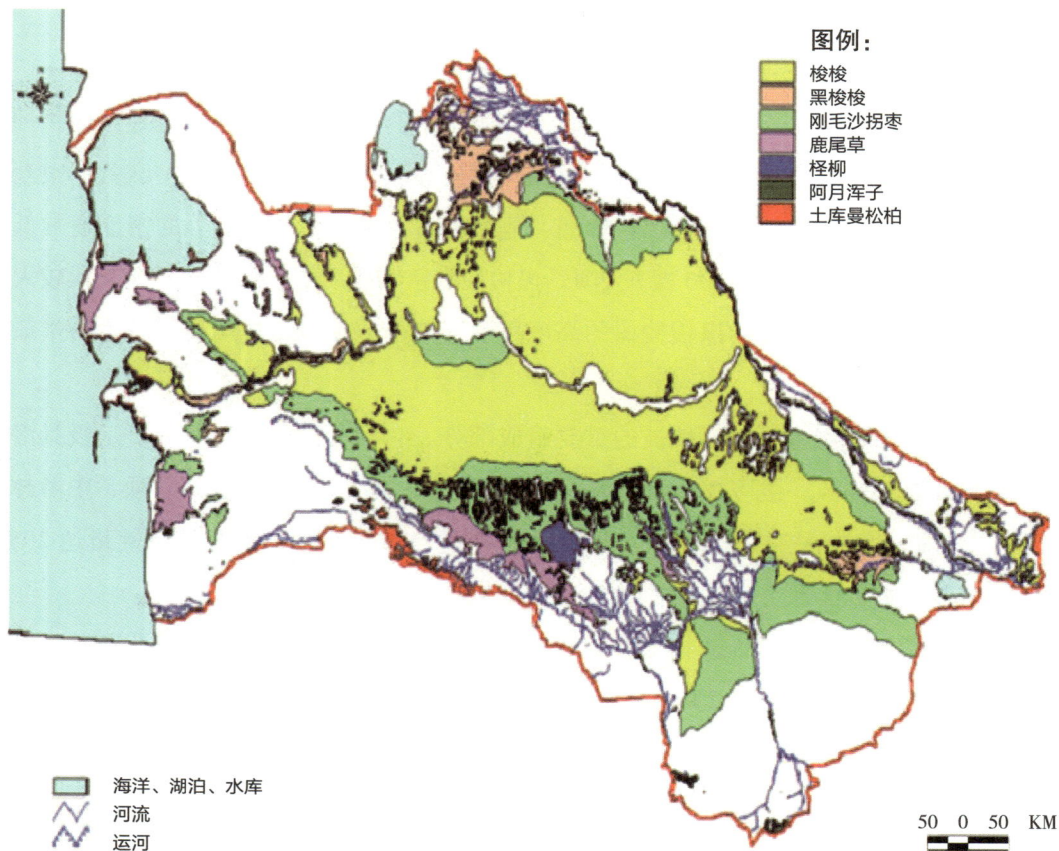

图例：
梭梭
黑梭梭
刚毛沙拐枣
鹿尾草
柽柳
阿月浑子
土库曼松柏

海洋、湖泊、水库
河流
运河

50　0　50　KM

图 1-2　土库曼斯坦的森林分布图

1.4　城市林业

自 20 世纪 90 年代末以来，土库曼斯坦首都阿什哈巴德和其他省份周围的绿化带逐渐增加。1998~2015 年，土库曼斯坦政府依照绿化带计划种植了 7000 多万棵幼苗，其中包括在阿什哈巴德及其周围种植的 4000 万棵幼苗。此外，环境保护和土地资源委员会还与林业局合作制定了年度林业计划，生产和销售幼苗，并监测城市和定居点及其周围的造林活动的实施情况。

1.5　再造林和造林

土库曼斯坦于1998年启动了造林方案计划，该计划旨在在该国森林砍伐地区进行再造林，以缓解干旱、改善微气候条件并防止土地退化。土库曼斯坦夏季炎热干燥，冬季寒冷，气候极度恶劣。因土库曼斯坦属于大陆性气候，其常年降水不足，且昼夜温差与四季温差起伏较大。因此，土库曼斯坦的树木种植和森林生长需要人们付出更多的努力。综上所述，土库曼斯坦干旱气候条件下森林可持续管理受到诸多因素的影响，其中主要因素包括处于特定区域的微气候和中气候等的气候状况。

围绕首都阿什哈巴德区域及区域中心，土库曼斯坦正在积极打造繁花似锦的花园型区域与植物森林带绿化圈。每年春秋两季，各部门、组织及分支机构、阿什哈巴德市市长办公室及各地区市长办公室都会种植数以百万计的幼苗，并负责照料它们成长。除了种植树木、建设和维护铁路和高速公路外，国内还实施了改善人民生活的其他重大建筑项目，以固定沙土，防止其流失。

土库曼斯坦历来有种植阔叶树、针叶树和果树的传统。土库曼斯坦将继续努力，将阿什哈巴德和各地区变成绿色地带，并美化周围环境。土库曼斯坦计划每年种植约300万棵阔叶树、针叶树及果树。其中包括以下两项。

- 各部门和分支部门及阿什哈巴德市政府的任务是在安纳乌和巴哈利镇之间的地区种植150万棵树苗。
- 各区域范围内的地方政府按指示种植150万棵树苗，其中20%的树苗应为果树。

为了实现这一目标，环境保护和土地资源委员会为各区域和阿什哈巴德市政府分配了土地，以便他们与土库曼斯坦各部门和组织一起种植阔叶树、针叶树、果树。

各部门、分支部门、阿什哈巴德和区域市政府的任务是在以下方面改善各地区周围的环境：种植树木、购买幼苗、照料树木及建立滴灌系统。

在造林活动中，土库曼斯坦民众种植了许多种乔木和灌木，包括针叶树（土库曼刺柏、亚利桑那刺柏、弗吉尼亚刺柏、松树、侧柏、金钟柏）、阔叶树（桑树、悬铃木、叙利亚白蜡木、白杨、榆树、香槐、柳树、刺槐、臭椿）、果树（杏树、苹果树、梨树、樱桃李树、土耳其斯坦皂荚、李子树、沙枣）和其他树种。建议按照针对各地区天气和土壤详情的指导方案和标准种植这些树木。

1.6 社区林业

土库曼斯坦的社区林业是在小地块种植果树或园艺植物的基础上形成的。民众种植果树和坚果,以满足自需或在市场上出售。根据《土库曼斯坦森林法》(以下简称《森林法》),政府正拟定划出用于租赁的林地及年限:短期租赁期约为 5 年,长期租赁期约为 50 年。虽然《森林法》已经颁布,但目前土库曼斯坦尚无丰富的林地租赁经验。目前,农民主要在沙漠地区采用流动放牧的形式来进行畜牧业养殖。

1.7 影响森林和林业的内因和外因

在培育用于造林的高质量容器苗(封闭根系)及培育用于在城市、城镇或建筑物周围种植的高质量幼苗方面经验的缺乏,成为制约森林和林业发展的内因。因此,有必要建设用于培育高产封闭根和裸根定植苗的现代温室和苗圃。影响森林和林业发展的外因包括气候干燥、降水量少、土壤贫瘠、乡土物种难以种植等。如土库曼斯坦刺柏的种植就存在如下问题:该树种种子极易受到自然界昆虫的侵害,且人们对其的培育技术的系统研究比较缺乏。因此,需要进一步深入研究,并与其他研究机构相互交流经验。

2. 林业对经济发展的贡献

2.1　森林和林地的经济和环境意义

2.2　森林和林业的融资和投资

2.3　森林、生计和贫困

2.1　森林和林地的经济和环境意义

土库曼斯坦的所有造林活动均依据《国家林业计划》进行，该计划规定了所有具体活动、参与者和责任方。林业局经费自给，并非来自国家预算。国内造林活动涉及了大多数部门、组织、企业和许多其他经济体组织，其通过自筹资金种植树木。政府每年会颁布关于种植树木的相关法令，所有组织根据此法令在属于自己的土地上种植树木。由于组织自筹资金种植树木，因此很难估算经济体在种植树木方面的费用支出。

森林均具有防止水土流失、防治荒漠化、保护生物多样性等多种保护功能。土库曼斯坦的森林资源因其禀赋不足未能进入商业化生产，商业用木材多从国外进口。木材主要经由私人公司进口，而国内仅提供阿月浑子果实、胡桃、浆果、薪材和药草等次要的非木材林产品。

2.2　森林和林业的融资和投资

土库曼斯坦的森林和林业融资由各部门和组织利用其资金进行。多数部门和组织都有用于种植树木及营造森林苗围的地块。国家预算仅为特殊的造林计划提供资金。根据政府法令，由国家预算为土库曼斯坦境内咸海附近海域的北部省份造林提供资金支持。国家预算提供的造林资金期限仅为数年，主要用于采购幼苗、挖栽植洞、引进相关技术和用于初期灌溉。造林活动的其余资金均由组织自筹。

据估算，面积为 1 公顷的造林活动约需 15000~20000 马纳特（土库曼斯坦货币）或 4286~5714 美元。费用将包括所有种植活动，含采购幼苗和初始灌溉费用在内。

土库曼斯坦林业局是培育和供应树木幼苗的主要机构，并将幼苗销售给各组织。为了给本部门提供资金及发放员工薪资，林业局还会生产副产品，如种植棉花、小麦、蔬菜和水果等农作物。此外，林业局还发展畜牧业，以此获取除销售幼苗收益以外的其他收益。

2.3 森林、生计和贫困

在过去，土库曼斯坦民众赖以生存的一大生计为收集木柴和采集浆果。土库曼斯坦政府从 1991 年开始禁止砍伐森林，仅允许进行作为林场管理方式的合理砍伐。政府在此方面采取了措施，并为民众提供了天然气，极好地保护乔木和灌木种子植物，从而为森林的自然恢复创造了有利条件。当地人主要靠牧场放养动物为生。

要想增加社区收入，所依赖的最主要方式是租赁非木材类林产品（以下简称NTFPs），NTFPs 具有高价值、低投资的特性。土库曼斯坦主要的 NTFPs 为阿月浑子果实、胡桃和药草。以森林为生的村民也越来越意识到群体租赁更容易获得租赁权。由于获取 NTFPs 的租赁权是以森林为生人口的主要生存方式之一，因此确保当地林业管理部门发挥其作用至关重要。

3. 林业政策与法律

3.1　政策、法律和制度框架

3.2　森林发展的短期和长期计划

3.3　林业发展的历史和未来

3.1 政策、法律和制度框架

合理使用森林资源，为资源再生、保护和保存以及提高森林和林地的生态和经济潜力创造条件，已被确定为政府机构和组织的主要责任。林业政策由环境保护和土地资源委员会以及土库曼斯坦内阁部（召开定期会议）制定。政府特别注重通过种植树木来保护土地，主要体现在建立新的保护区和种植新树木等方面。

除作为森林和林业管理最高机构的部长内阁之外，负责林业相关活动以及林业和森林管理的主要政府机构还包括环境保护和土地资源委员会（CEPLR）及其下属机构林业部（环境保护和土地资源委员会林业局），国家沙漠、植物和动物研究所（NIDFF）以及自然公园保护和林业种子培育监督所。其他机构也积极参与到了特定的种植树木、抚育幼苗以及幼林地活动中。

《国家计划》规定了种植林业带的分配面积，以及 2020 年前在每个地区需要种植的树苗数量。

与种植保护林业带有关的活动将由土库曼斯坦环境保护和土地资源委员会监测。

3.1.1 土库曼斯坦环境保护和土地资源委员会的职能

土库曼斯坦环境保护和土地资源委员会是获得特别授权的国家机构，其职能为执行经济体的自然资源保护与利用政策，并对此进行监控。委员会负责执行经济体生态政策和经济体自然保护计划，实施对以下方面的经济体监控：对自然保护立法的遵守以及对生态系统、地表水和地下水、大气、植物和动物、海洋环境和自然资源的保护。

在建设项目、企业重建和其他经济建设的设计用料方面，委员会可提供国家级的生态专业知识，制定针对自然资源补偿、环境中污染物质的排放以及所有类型生态活动的批准规范，并给出动植物使用的限定配额。

1999 年以前，林业和森林种植活动由原环境保护部和林业部执行，林业工作和相关活动资金由国家预算提供。1999 年进行了职能重组，设立了经费自给股份公司（JSC）"勾可谷沙克"（绿带）来执行林业和森林种植活动。截止 2008 年，"勾可谷沙克"已经经营了 20 家林业企业，其被重组为包含 14 家林业组织的体系，员工人数约为 1400

名。工程和技术人员组由专门的林业专家以及农艺学家、地理学家、生物学家和其他专家组成。在省级层面，设有森林苗圃所，并配有 14 名林业工作者。其中 1 名在巴尔坎省，2 名在阿哈尔省，1 名在马雷省，2 名在列巴普省，1 名在达沙古兹省。"勾可谷沙克"还在科彼特达格山麓地区建立和扩展了公园区；沿道路和高速公路、沿卡拉库姆运河河岸和环咸海地区种植抗旱植物；提供森林和园艺作物幼苗；并对山地森林的合理砍伐和恢复进行有效控制。

林业局目前仍是国家环境保护和土地资源委员会下属的经费自给组织。经费自给基于建立苗圃和种植幼苗、棉花、养牛和其他活动，这些活动与森林管理无直接关联。

在前一阶段，林业部门的活动由政府集中计划和提供资金。

为森林和其他林地管理做出贡献的其他国家环境保护和土地资源委员下属主要机构包括：

- 国家沙漠、植物和动物研究所（NIDFF），负责与林业相关的科学和研究活动（3 个实验室）。
- 国家自然公园保护和林业种子培育监督所，负责执行和控制树木种植和幼苗培育（苗圃）。

3.1.2 林业领域的政策

土库曼斯坦的森林为经济体专属财产。2011 年 3 月 25 日通过的现行《土库曼斯坦森林法典》是森林和林业领域的整合文件，规定了合理使用森林、保护森林以及提高土库曼斯坦的生态、经济和社会潜力的原则和行动准则。然而，考虑到发生的经济变化且现代形势日渐成熟，有必要详细说明和改进《土库曼斯坦森林法典》，所以土库曼斯坦正在准备开展新的修订。

《土库曼斯坦森林法典》对下述法律文件进行了补充性修订，从而形成了以保护、控制和利用自然资源（包括经济体的森林和植被）为背景的立法：

- 《土库曼斯坦森林法典（2011 年）》。
- 《国家林业计划（2013 年）》。
- 《特别保护自然区相关法（2014 年）》。
- 《大气保护相关法（2015 年）》。

土库曼斯坦政客关心的林业动向主要集中在发展土库曼斯坦林业设施上，可简述为以下内容。

- 有效保护现有森林资源和植被及其生物多样性。

- 通过可接受的方法重建退化的森林和植物资源。

- 21 世纪在全国范围内种植多种用途苗圃，将森林覆盖面积扩大约 1000 万公顷。附录中提供了须根据《土库曼斯坦森林法典》制定的立法监管文件。其中一些文件已编制完成，但还须获得司法部的批准。

- 确保不同经济体组织和地方代表及其参与组织造林活动和复杂技术维护活动的协会组织均参加相应活动。

- 采取造林行动，以便重视并优先解决以下问题：建立大城市和人口聚集点周围的木材带，保护主要工程建筑（高速公路、铁路轨道、隧道），使农业区和定居区免于发生荒漠化，应对河岸破坏、高地下水位和盐渍地问题。

- 在育林的质量与数量上达到机构规定量，实现木材苗圃规定的上述计划，改进林业苗圃培育方法并增加幼苗产量。

- 强化木材和其他环境资源领域的公共意识和实践教育。

- 土库曼斯坦各机构不断参与有关林业问题的国际合作以及方案和程序合作。

- 提高结构化发展的可能性和林业局工作人员的技能。

土库曼斯坦《国家林业计划》已成为《土库曼斯坦应对气候变化国家战略》的组成部分。如该战略所述，林业是各种产品的原材料来源，包括食品、公共卫生、天然染料、装饰植物、各种不同植物的种子，因此具有特殊的价值和重要性。

《国家林业计划》现已成为国家战略的重要组成部分，该战略的目的是保护环境，增强并有效管理经济体自然资源以及解决维护生态和提供国内粮食安全保证的问题。在国内战略实施过程中，针对林业采取的影响深远而复杂的措施旨在保护经济体利益和维护经济体的生态安全。

《国家林业计划》的主要目标为：将经济体打造为繁花似锦的园林型经济体，通过实施影响深远的生态政策为民众创造有利的生活条件，改善对森林的保护、利用和恢复，从而建立一个可持续的可靠林业管理系统。

土库曼斯坦《国家林业计划》的主要目标包括以下方面。

- 将新的创新技术引入生产，以实施大型工程，将经济体打造为繁花似锦的园林型经济体。

- 在土库曼斯坦咸海沿海地区打造一个森林带，以降低来自咸海干燥地区的盐分所造成的损害。

- 继续在"阿瓦兹"国家旅游区种植树木并将其变成林区。
- 稳定沙漠中的移动沙地并种植树木形成森林，以丰富卡拉库姆沙漠的植物群并防止荒漠化过程。
- 在农业区种植保护森林带，以便在气候变化时保护农业生产并提高收获的质量和数量。
- 种植和培育足够数量的观花树木以及装饰树木和植物，以便美化城镇和村庄。
- 改进林业登记制度，以便可持续地管理土库曼斯坦的林业，并促进这一地区的发展。

3.2 森林发展的短期和长期计划

3.2.1 森林发展的短期计划

《国家林业计划》中的短期计划规定了在 2013~2020 年开展的所有活动。土库曼斯坦正根据计划开展以下活动。

- 建立新林区，每年新种植树木 300 万棵。
- 在农田周围建立防护林。
- 到 2020 年，在本地生产和从外地引进的树种幼苗应达到 600 万棵。
- 编制立法监管文件（详见附录）。
- 林业发展的科学研究工作。
- 根据物种准备森林树木种子。
- 在咸海区域进行造林活动。
- 在旅游区"阿瓦兹"（里海）进行造林活动。
- 到 2020 年的森林资源清查。

3.2.2 森林发展的长期计划

- 不断采取措施，通过造林防治荒漠化并改善牧场和保护生物多样性。
- 开发和引进最佳林业实践和现代林业技术。

● 培育高质量定植苗。

3.3　林业发展的历史和未来

土库曼斯坦对森林的研究和描述始于 18 世纪末，截止 20 世纪 60 年代末形成了全国范围内的造林。然而，前苏联解体后，土库曼斯坦一直未对（政府部署造林之外的）企业森林现状进行调研。最近的一次森林资源清查是普瑞贝考斯克（俄罗斯）森林形成企业于 1988 年组织的。我们提供的关于土库曼森林资源的状况均是在此基础上形成的。

根据政府决议，土库曼斯坦的所有森林均被归为 I 类森林，因此主要用途不是引导且未进行规划。生长在干旱气候条件下的土库曼斯坦森林主要发挥的是其生态作用。在新的经济条件下，森林的重要性在不断强化，这就需要对森林所承担的责任进行重新定义，并对必须进行的森林活动进行准确描述。考虑到森林的可持续发展，仅进行引导以促进合理砍伐，每年砍伐体积不超过 10000 米 / 经济体人口自然公顷，且免费放开自然土地。这一举措使得近年来非法砍伐现象有所减少。2004 年，用于生产纸张的原材料量为每年 50 吨，所使用的原材料为棉花秸秆和玉米秸秆。

允许在一定区域进行受限条件内的放牧活动，可能对森林的种植和发展（特别用材林幼苗的培育）产生负面影响。

中亚各经济体因其地貌条件不同也各异，土库曼斯坦森林也具有其独特性。原始的自然气候条件决定了何种植物更适合在何种地貌下存活下来，高加索和地中海地区以及坦珊西部的森林 – 灌木所受的这方面影响尤为明显。大陆性气候使得森林山地、沙漠山麓生长的不同植物都具有高度的耐旱性。

从人类社会的早期发展开始，土库曼斯坦的森林发展进程就受到多种消极因素的影响。对森林进行保护预示着造林工作的开始，这项工作是在最近一个世纪才进行的。自然育林工作提高了人类应对社会发展进程中的自控能力，但仍需抗极恶劣生长条件的高耐性植物。

森林发展是自然中主要也是最重要的组成部分，因此无论在历史上还是未来计划中，均不应将其作为孤立事件进行考虑。对森林的未来执行分析、评估和预测时，应将其与自然的其他组成部分视为一个整体而非将其视为独立部分。经济体森林经济发展的现状与前景正在朝着正确的方向进行，将对与森林设施直接相关的经济分支发展提出挑战。人类社会的发展已证明，科学生产与森林发展紧密联系又相互制约，森林发展在很大程度上受人为因素（如牲畜放牧、掌控自然资源及其他）的影响。因此，必须根据正确的科学发展和对林业状况的深入分析，结合经济体经济发展状况制订计划。

4. 森林可持续管理的最佳实践

4.1　水土保持

4.2　荒漠化治理

4.3　牧场退化治理

4.4　盐碱化治理（咸海区）

4.5　森林火灾和病害预防

4.6　森林资源和非林产品的综合利用

4.1　水土保持

该经济体大部分地区被沙漠所占据，因此优先考虑建立新的森林带和对现有森林进行可持续管理。土库曼斯坦的所有森林均为 I 类林，主要发挥保护功能。造林计划于1998 年在国内开始，首要目的是防止土地退化和荒漠化过程扩展，保护农用地和居住地免受移动沙丘侵袭并稳定河岸。

在沙漠地区种植了当地适生灌木和以下树种：白梭梭、黑梭梭、沙拐枣和鹿尾草。在山上种植了如下树种：刺柏、土库曼枫、阿月浑子、扁桃树、朴树等。在保护用河滨区，种植了以下树种：杨树、柽柳和枸树等。

土库曼斯坦是中亚最干旱的经济体之一，因降水不足导致树木无法在自然条件下生长，因此需要通过人工灌溉来实现最佳的造林效果。对于阿克特凯森林（阿什哈巴德市附近）和周边地区的退化土地，应根据立地环境特征、分解物、叶片和林分蒸腾作用选择相应的造林树种，并且所选树种应适宜在低肥力的土壤上生长。

为进行可持续管理并降低森林带的用水压力，在土库曼斯坦旱地中使用滴灌等节水技术更为有效。在旱地中使用滴灌具有众多优势，如水资源利用更为经济，植物生长更快，且可通过管道供应肥料。

造林的功能已得到证实，造林可有效恢复边缘退化土地植被、改善生态条件和缓解进一步土地退化和气候变化。然而，为了确保有效且可持续地管理，应在对适当树种进行综合评价后进行边缘地造林和退化土地造林。所选植物种类应更为有效、耐旱、耐盐、耐高 pH 值。

虽然阿克特凯森林土壤肥力较差，但针叶分解物、土壤氮储备和其他营养元素充足，可大大增加林木种植场的土壤有机物质。与裸地相比，阿克特凯在造林 18 年后，森林土壤的腐殖质和营养成分略有增加。松树是阿克特凯地块及其周边地区种植的主要针叶树种。在此地区种植纯松林的原因在于其是常绿植物且具有快速生长的特点。在此地区大量种植松树，不但可影响草本层植被的特征和枯枝落叶层的组成，还可影响微气候条件。

单纯种植松树会造成遮阴效果，造成的影响是：松树幼苗无法生长、草本植物无法生存、光强度降低、到达地面的降水量少。松树根系位于地面浅层（约 80 厘米深），灌溉后遇风不稳，树木可能会发生倾斜。

阿克特凯混交林的阔叶树种多种多样，其中大部分从国外引进，主要代表树种有臭椿、白桑、黑桑、梓树、亚利桑那刺柏、美国皂荚、槭树、梣树、三球悬铃木等以及一些果树。种植树种列表见表 4-1。预期寿命相对较长的阔叶树种显示出了较好的根系发育速度。

表 4-1　阿克特凯造林计划中种植的树种

中文用名	拉丁名
臭椿	*Ailanthus altissima*
白桑	*Morus alba*
黑桑	*Morus nigra*
皂荚	*Gleditschia triacanthos*
亚利桑那柏	*Cupressus arizonica*
杨树	*Populus euphratica*
梓树	*Catalpa bignonioides*
金钟柏	*Thuja orientalis*
柘树	*Maclura pomifera*
悬铃木	*Platanus orientalis*
梣树	*Fraxinus syrica*

上述树种产生的叶状和木质生物量适中，树干生长高度（至少在肥沃土壤中）相对较高。树种主要为耐干旱和相对耐受盐碱土的树种，可在 pH 值高达 8~9 的土壤中存活。此外，其还可耐受低土壤水分和低环境湿度，并具有许多适于退化土壤造林的特征。

种植树木时，彼此之间的间距为 50 厘米至 1 米。在阿克特凯地区，营养生长期始于 4 月初，此时日平均温度达到 12℃，落叶树开始投下树荫，4 月末时到达地面的光照强度下降。

此外，贫瘠土地上的种植场非常美观，它们可提供树荫和遮蔽处，并可为野生动物提供栖息地。本研究提供了关于阿克特凯森林不同林分的此类信息。

在更广范围内进行进一步研究将有助于研究土库曼斯坦旱地中的微气候、中气候条件，这将分别为两种条件下的进一步可持续造林作出贡献。

4.2　荒漠化治理

到 2020 年，土库曼斯坦森林面积将减少 99.4 万公顷，防治荒漠化工作中很重要的一点是对森林进行保护和恢复。荒漠化导致植被受到破坏、森林生产力下降并诱发了侵蚀。

建立防护林和防风林可避免破坏性过程进一步发展，特别是在防止上层生产性土壤层流失和新月形沙丘沙的形成方面。沙漠防护林将提高生物生产力并保护生物多样性。借助该计划，因过度砍伐而遭到破坏的大片沙漠林地将得以恢复。移动沙丘的固定是一个十分重要的问题，主要工作如下：防止工程结构、定居点、养牛场、高速公路、铁路等遭受流沙侵袭；在绿洲内部和绿洲周围造林，旨在促进植被再生；保护和管理以木材利用为目的的种植林场；通过种植梭梭、沙拐枣和其他树种来改良定居点和农场附近的微气候。

保护生物多样性对可持续发展极为重要，且在荒漠化治理中发挥重要作用。自然生态系统中缺失几种动植物物种通常会导致生物生产力降低。

沙漠牧场饲料的数量和质量正在下降。应将许多动植物物种作为基因库予以保存，用于未来新品种的选择以造福人类。物种繁多也会在人与自然的接触过程中发挥美学价值作用。

4.3　牧场退化治理

水资源短缺和过度放牧导致了退化，这种退化进而对土库曼斯坦牧场产生了影响。

土库曼斯坦之前的牧场发展政策有悖于科学性与生态环境的发展，要想纠正这一问题就需要保护放牧地和保护饲料植物的生物多样性。沙漠牧场是一种宝贵的经济财富和生物资源，为保证生活在沙漠中人们的利益，必须谨慎使用这些资源。在土库曼斯坦大片退化牧场区中，有 170 万公顷亟待改善；有 1730 万公顷中度退化土地需要在今后一段时间内进行改善；而对于其余土地，则需要进行适当保护与管理。中亚经济体的几大研究机构已制定出一项包括再播种和牧场改良在内的技术。

采用复杂的保护性防治技术来防治风蚀。首先，安装由植物材料制成的半潜或覆盖机械保护装置，高度为 4~5 毫米。使用的植物材料为灯芯草芽或香蒲。安装的覆盖机械保护行宽为 2~3 毫米，用沙子进行 1.5~2.0 米固定。此外，使用了骆驼刺等。以

3300 株 / 公顷的密度种植了梭梭和沙拐枣幼苗。使用化学收敛剂（焦油、重油及其他）来固定沙面。使用 1.0~1.5 米宽的条带嵌入化学品。这些方法在保护主路免受流沙侵袭方面发挥了独特的作用。

4.4　盐碱化治理（咸海区）

土库曼斯坦咸海区（达沙古兹和列巴普州）位于该国北部，所占面积 9 万多平方千米。这是一个高风险农业区，使用阿姆河水进行灌溉。

人为因素对环境造成的影响日益增加，导致了咸海的枯竭。其中，新工艺的采用对环境造成了越来越大的压力，成为了导致咸海枯竭的一大因素（集排水从乌兹别克斯坦与土库曼斯坦境内排入阿姆河；农药和矿质肥料的使用），上述所有问题对土库曼咸海区带来了灾难性破坏。

所有环境要素都在发生着不利变化。到目前为止，土库曼斯坦咸海区多达 90%~95% 的灌溉区土地已变为盐碱地。

对土地资源的不合理利用导致了土壤肥力的下降及退化。

土库曼斯坦现存数十种不同的土地退化形式。影响范围最为广泛的形式包括：灌溉地次生盐碱化、水涝、风和灌溉侵蚀、采用新工艺带来的荒漠化。

土地退化的自然和人为因素与干旱条件地区的农业发展密切相关。因此，解决因农业活动引起的环境问题迫在眉睫。根据国家沙漠、植物和动物研究所的数据，占土库曼斯坦国土面积 91.4% 的 44.6 万平方千米的土地正发生不同形式的退化。

4.5　森林火灾和病害预防

长期以来，当地社区的刀耕火种农业和轮垦农业一直被视为造成森林火灾的主要原因之一。这就要求当地社区在火的使用上应采用积极正确的方式，以便合理管理这片生活的土地。社区参与火灾管理也是平衡各项干预措施的一种尝试，以应对大规模毁灭性火灾或重型火灾，而过去人们主要关注消防方面。

土库曼斯坦的森林火灾主要是人为因素与极端炎热干旱气候综合作用的结果。在森林火灾防治方面，环境保护和土地资源消防委员会负责通知其他组织与消防服务部共同采取紧急措施预防火灾。防火措施包括在植被和森林中间及周围铺设防火犁带，以及在炎热季节期间加强巡逻。防火犁带的长度和宽度取决于当地环境、植物类型和位置。

森林病害是植物受害的主要原因。在土库曼斯坦，国家沙漠、植物和动物研究所及农业和水利经济部下属植物保护服务机构的专家确定，森林病害防治措施应由当地林业管理部门和企业根据疾病类型来制定。委员会根据疾病类型，采取进一步措施来保护森林或种植林场。

4.6 森林资源和非林产品的综合利用

土库曼斯坦的森林具有保护功能，只有偏远山村的人们才将森林资源作为薪材使用。森林资源能否作为薪材来使用，需要获得林业局的批准和特别允许——林业局负责对薪材使用作出限制并指明薪材收集区。根据《森林法典》，只允许在林地进行保护性砍伐，此外因林木数量有限，不得将其用于商业化生产中。

非林产品用于满足农民自身需求和市场供应。主要向市场提供草药和少量浆果。

土库曼斯坦森林的特色是植被具有多样性。不同植物在资源意义、可用功能范围和实际使用可能性方面各不相同。科彼特达格山的植被尤为丰富，包括 1900 种野生植物，其中 322 是地方性物种。在所有的有用植物中，草药的价值性最高。土库曼斯坦的丘陵地区（科彼特达格、大小弓尔干、克腾代格山的土库曼斯坦部分）在药草供应方面具有广阔前景。此地盛产有价值的草药和植物，如黄麻、土库曼刺柏、阿月浑子、扁桃树等。

许多野生植物为食品和制药业以及其他当地产业提供了宝贵资源。约 1600 种物种含有生物活性元素（潜在的药用原料），其中 600 种可用于香料工业，55 种可用于食品业，42 种储量巨大，160 种用于染色工业，近 50 种含碳酸钾，800 余种可作为食物使用。近年来，苦艾呈现出越来越多的用途。苦艾为良好的挥发性含油植物，已被广泛用于软饮料、优质葡萄酒和香膏的生产。

土库曼斯坦河流的山谷和浸水草甸也成为了颇具潜力的原料草药储备区。河谷林植被群落是珍贵植物的一个重要来源。在阿姆–达嘉河山谷中生长的大量野生草药中，甘草尤为重要。甘草的根和根状茎具有与人参相当的功效和价值，被 20 余个国家分支部门所使用。由于甘草中甘油含量较高（23%），也被作为出口产品。

土库曼刺柏等也含有营养成分和药用成分。在土库曼斯坦资源性植物中，生长于科彼特达格 2.3 万公顷土地上的扁桃树具有同样重要的意义。扁桃仁的年产量为 26 吨。

狗蔷薇的生产潜能为每年 1.8~2 吨，麻黄的年产量为 30 吨，柠檬、苦艾的年产量为 20 吨。

大量平原和丘陵植物为牲畜提供了全面营养。卡拉库姆的植物种类具有 600 种，其中 100 种植物是牧场的基础性口粮。

5. 林业教育与科研

5.1 林业教育统计

5.2 林业机构技术能力

5.1 林业教育统计

林业管理系统中的专家培训及专家素质提升被确定为一项重要任务。目前，土库曼斯坦农业大学林业系和公园管理专业每年招收 20 名学生。在阿什哈巴德市上述大学的职业专科学校，每年有 20 余名新生入学，毕业时具有专业水平。

林业和装饰树学科研究已被引入土库曼斯坦农业大学农业生态学、农艺学、农业化学和土壤研究等院系的教育课程中。在最后一学期，学生们可根据所选科目准备毕业论文。

上述高等院校和职业学校会定期提供林业系统管理和技术工程培训，此为针对在林业系统中工作的专家开设的短期专业培训和课程。

土库曼斯坦非常重视未来林业管理领域的发展，并通过多种形式来促进其发展，这些形式包括：安排经济体专家接受国外教育机构和科研中心的培训、鼓励不同层次的经验分享来促进此分支的持续改善等。各林业科学专业中接受研究生和博士学位课程教育的学生人数每年都有所增长。表 5-1 给出了发展林业科学研究的行动计划。

为了提升土库曼专家培训及森林和环境保护工作的专业水平并提高土库曼学者的技能和知识，政府计划继续安排土库曼专业人员参与国际会议、集会和培训，使他们能够定期进行经验交流并学习世界最佳实践。

表 5-1 发展林业科学研究的行动计划

科研工作名称及内容	实施机构	时间范围
阐述关于在"阿尔特阿西尔"土库曼湖排水渠沿岸种植果树、成荫树和沙漠植物的建议	国家沙漠、植物和动物研究所、土库曼斯坦农业大学	2013~2015 年
研究和阐述种植耐盐碱土植物以恢复牧区和增加饲料资源的科学依据	国家沙漠、植物和动物研究所、畜牧育种和兽医科学研究所	2013~2015 年
阐述通过雨水收集来打造"绿色雨伞"的建议	国家沙漠、植物和动物研究所	2015~2016 年
阐述关于林业树木和沙漠植物危害性害虫和啮齿动物的防治建议	国家沙漠、植物和动物研究所	2014~2016 年
开发刺柏播种和种植树苗的准备技术	国家沙漠、植物和动物研究所	2014~2017 年

5.2 林业机构技术能力

土库曼斯坦林业管理机构包括 4 个部门，即林业局、农业局、机械化局和财务局。在当前管理体制下，林业局及其下属 8 个林业企业在森林管理中起主要作用，相关林业企业的相关活动由林业局负责监督。林业局负责协调管理森林科学管理、森林苗圃建设、绿植和森林种植等一系列的活动。

值得一提的是以下两项培训：解决急需就林业问题对林业机构技术人员进行专项培训；采用现代先进技术，提供必要的设备，特别是开展机械管理、操作及高质量定植苗种植方面的专门培训。

6. 林业国际合作项目

　　土库曼斯坦已开展了多项与气候变化有关的项目，并在这些项目框架内开展了幼苗种植和苗圃建设活动，但上述工作仅限于在小试点区内进行。2009~2011 年，与 GIZ 合作开展了森林可持续经营（SFM）项目，项目期间土库曼斯坦沙漠和山区的造林面积达 200 公顷。此外，在此项目期间还种植了乡土树种，进行了初始和定期浇灌及进一步植物抚育工作。土库曼斯坦有一些与 GIZ 联合开展的项目，这些项目均在《防治荒漠化公约》和《生物多样性公约》框架内进行。所有项目都属试点示范项目，在试点内通过造林或种植植被固定移动沙地。还开展了一些小项目，如建立林木苗圃和提供林业技术支持。目前土库曼斯坦林业局未参与任何国际合作项目或双边合作项目。

7. 林业国际合作进程

土库曼斯坦通过采取一系列综合性措施，以推动国际合作和履行《联合国气候变化框架公约》中的国家承诺，实现土库曼斯坦关于"防治荒漠化"和"生物多样性"的文件和公约，实现《土库曼斯坦应对气候变国家战略》中设定的目标。

《土库曼斯坦国家林业计划》的实施将会取得积极成果，可减轻气候变化对经济体社会经济发展的负面影响，通过调整以适应预期的气候变化。在《土库曼斯坦应对气候变国家战略》规定的措施中，造林具有无可估量的价值。

森林在土库曼斯坦经济发展中起着极为重要的作用，尤其在土库曼斯坦的土壤和气候条件下，森林为农业生产的可持续性提供了条件，保护和丰富了生物多样性，阻止了荒漠化进程，并缓解了生态系统中气候的急剧变化。

土库曼斯坦林业总覆盖面积为412.7万公顷，主要分布在山区、沙漠、河畔及灌溉区。土库曼斯坦与德国技术援助机构（GTZ/GEOPLAN）密切合作以执行上述公约中的决议。其他参与机构还包括《防治荒漠化公约》秘书处、世界银行、塔西斯和其他国际组织。土库曼斯坦自然保护部的国家沙漠、植物和动物研究所与GTZ/GEOPLAN合作实施了"公民参与土库曼斯坦三个生物地理学区域的自然资源管理"项目。此项工作从1998年起在中卡拉库姆、科彼特达格山和灌溉区（绿洲）实施。特定人类定居点的居民可参与环境措施的制定及防治荒漠化行动的实施。地方自治组织也积极参与到此项工作中。

经济体的总体社会经济情况决定了应维护环境以满足《生物多样性公约》的要求。国家委员会批准了政府文件——《生物多样性战略和行动计划》（BSAP，2002年），以确保土库曼斯坦履行根据联合国环境公约和计划所作出的承诺。部分活动在国际捐助者和政府融资的支持下执行。土库曼斯坦议会于1996年6月18日批准了《生物多样性公约》（CBD）。根据CBD第六条，土库曼斯坦政府已开展了一项关于生物多样性现状的国家级研究。该研究详细论述了生物多样性现状及其影响因素。基于上述研究成果，制定了《生物多样性战略行动计划》（BSAP）这一全面计划。

国家《生物多样性战略行动计划》的总体目标是保护、恢复和可持续利用土库曼斯坦的生物多样性，以造福当代及子孙后代。该计划确定了12项经济体目标，在此基础上，该国还根据公约缔约方大会和公约秘书处决定确定了2010年全球目标。该计划旨在协调土库曼斯坦未来9年的生物多样性保护活动。

制定战略和行动计划来保护并合理利用生物多样性是上述公约的要求之一。该项行动计划将于2002~2010年这9年期间内实施。此项工作是在土库曼斯坦保护区（9个自然保护区，13个狩猎保护区）范围内与 UNDP、UNEP、GEF、WWF、TACIS 和世界银行合作进行的。

- 一个重大计划项目是开展生态培训，使国民参与到自然保护和防治荒漠化过程中，但现在土库曼斯坦尚未在全国范围内普及生态教育，相当一部分国民并不了解现有的生态系统。如果大多数国民能够对荒漠化有完整的认识，那么将有效促进国家行动计划的成功实施。
- 移动沙丘的固定是一个十分重要的问题。主要工作包括：防止工程结构、定居点、养牛场、高速公路、铁路等遭受流沙侵袭；在绿洲内部和绿洲周围造林，旨在促进植被再生；保护和管理以木材利用为目的的人工林林场；通过种植梭梭、沙拐枣和其他树种来改良定居点和农场附近的微气候。
- 引进先进的灌溉技术，以防止土壤盐碱化，合理利用水资源。

土库曼斯坦的林业借鉴了来自造林、再造林，尤其是如何改善沙漠地区的环境等方面的经验。但需要指出的是，土库曼斯坦在与节水技术相关的现代方法及其相关领域的科学发展方面尚缺乏经验。近几十年来，土库曼斯坦已完成了数千公顷土地的造林。土库曼斯坦当前的一项重要计划便是调查上述造林种植活动对当地土壤气候条件产生的影响。其他重要林业项目还包括：种植高品质定植苗、咸海区造林及沙漠和山区造林。众所周知，林业发展是一个长期过程，因此，使用最佳实践并尽量减少损失至关重要。通过加强当前缺乏的区域合作来弥补这一缺陷将大有裨益。

鉴于紧密的地缘联系，在土库曼斯坦林业局、APFNet、大中亚研究机构之间建立区域合作机制，交流经验和学术研究成果，将更为有效地开展林业合作并实现互惠互利。

8. 林业发展面临的机遇与挑战

沙漠、河谷和山区森林覆盖率降低也会导致此地区荒漠化进程的加剧。人为因素带来的持续压力，如过度放牧、薪材砍伐和次生土壤盐碱化是导致森林覆盖率降低的原因。干旱与高温是农业、林业和水利经济发展的限制性因素。

根据古生物学家证实，科彼特达格山脚下的森林砍伐始于公元前四五千年。在过去 40~50 年间，森林面积减少了 30%~40%；山区河流的缺水量降至 50%，许多山泉已出现干涸。造成森林的垂直边界相对于生态最适高度升高了 500~700 米，导致许多其他植物群落发生了变化。

1997 年，土库曼斯坦编制了《国家行动计划》来防治本国的土地荒漠化。该项计划主要通过在土地上进行造林（特别是在山地和丘陵地区造林）、建立防护林和防风林来减少并消除破坏性进程的进一步扩展（特别是上层土层生产力损失和新月型沙丘的形成）。沙漠、山麓及山区防护林将提高生物生产力并保护生物多样性。

土库曼斯坦拟采取可能措施来改善生态，包括：在旱地造林和再造林实施保护措施来减缓荒漠化（FAO，1989 年），杜绝森林生物质中碳的使用来降低大气中 CO_2 的含量（UNDP，2003 年）。旱地生态系统对气候变化具有极大影响。植物生物量和生态系统的复杂性取决于降水、温度和太阳辐射累积量及土壤的物理和化学性质。建立树木种植场可能会影响到水循环。

降水过程取决于当地、区域和大范围环境的大气特征。因此，区域大气模拟是研究造林和再造林模式对降水影响的重要方式。

营造人工林可能会使 CO_2 沉聚，可用于稳定 CO_2 循环。因此，土库曼斯坦人工林是缓解气候变化的重要手段。此外，营造人工林还可提供更多的产品和服务，包括如下几个方面：用于未来木材和非木材产品的生产、保护功能、防治侵蚀、减少对天然林的压力及恢复退化土地。人工林还可为偏远地区提供其必需的燃烧用柴。

应在人工林建造地采取一切可行措施，以避免具有高生态和文化价值的自然生态系统被取代。

对于边缘土地造林，通过全面筛选来选择合适的物种至关重要。了解耐旱和耐盐性物种的水资源利用特征将有助于选择恰当树木进行种植。

即使在边缘土地上营造的森林均为耐旱和耐盐性树种，在其生长的初始阶段也需要先进行灌溉，之后才可仅依赖可用地下水和土壤水分。然而，灌溉水不是随处均可实现的，边缘土地灌溉用水尤为受限。因此，需要对诸如滴灌在内的节水技术进行评估，此技术已被世界其他干旱地区用于树木种植。

在土库曼斯坦，用于造林的树种主要包括针叶树种（阿富汗松、侧柏和绿干柏）和一些阔叶树种（桑树、皂荚、美国梧桐、白杨、梓树）。这些树种多为乡土树种。

松树是从高加索被引进到土库曼斯坦的，现已很好地适应了当地的气候和土壤条件。现如今，松树已成为土库曼斯坦造林计划的主要种植树种之一。其幼年期生长迅速，高度可达 15~25 米。这种形状美观的树种可在干旱气候、干燥贫瘠土壤中生存，并能够忍受极端的干旱气候。这是生长在土库曼斯坦气候条件下兼具装饰性和耐受性的针叶树种之一。

如果树种种植合理，则造林的潜在优势便可充分发挥。在干旱气候条件下，树木会于生长初期便进行较深土层的根系延伸，这是树木适应上层土壤中水分、盐分失调的有效方式。

土库曼斯坦拥有大范围的造林及再造林区，但树木生长所需的天然降水量不足，影响了此地区树木的生长。在今后的造林活动中，我们应优先考虑耐旱和耐盐树种，因为这些树种能更好地适应当地的自然条件。从这一点出发，必须建立区域合作机制和大中亚经济体内的合作，以促进经验知识的相互交流。

附录

根据《土库曼斯坦林业法》编制立法监管文件

编号	监管立法文件名称	实施阶段	实施机构
1	《在林业基金中注册和注销土地区的监管制度》	2017~2018	土库曼斯坦农业部、土库曼斯坦环境保护和土地资源委员会
2	《特定用途森林的使用和保护监管制度》	2018~2020	土库曼斯坦环境保护和土地资源委员会
3	《产值使用和保护监管制度》	2018~2020	土库曼斯坦环境保护和土地资源委员会
4	《国家林业地籍制度》	2013~2014	土库曼斯坦农业部、土库曼斯坦环境保护和土地资源委员会
5	《森林使用款项和费用收取监管制度》	2014~2015	土库曼斯坦环境保护和土地资源委员会、土库曼斯坦财政部、土库曼斯坦经济与发展部
6	《国家林业保护条例》	2013~2014	土库曼斯坦自然保护部
7	《土库曼斯坦国家林业保护局管理人员名单》	2013~2014	土库曼斯坦自然保护部
8	《森林非重要使用条例》	2013~2014	土库曼斯坦自然保护部
9	《使用林业基金范畴内土地用于狩猎用途的相关规定》	2015~2016	土库曼斯坦自然保护部、土库曼斯坦猎人和渔民协会
10	《实验和科学研究用林业基金区使用条例》	2014~2015	土库曼斯坦环境保护和土地资源委员会、土库曼斯坦教育部、土库曼斯坦财政部、土库曼斯坦科学院

（续表）

编号	监管立法文件名称	实施阶段	实施机构
11	《提高文化意识、教育、旅游、娱乐与体育用林业基金区使用条例》	2014~2015	土库曼斯坦环境保护和土地资源委员会、土库曼斯坦公共卫生和医疗工业部、土库曼斯坦教育部、土库曼斯坦旅游问题经济体委员会、土库曼斯坦体育问题经济体委员会
12	《森林采伐条例》	2013~2014	土库曼斯坦环境保护和土地资源委员会
13	《木材砍伐文件登记、归档、保管和发行条例》	2013~2014	土库曼斯坦环境保护和土地资源委员会、土库曼斯坦财政部
14	《森林登记和森林砍伐允许表格格式》	2013~2014	土库曼斯坦环境保护和土地资源委员会
15	《国家监控条例》	2013~2014	土库曼斯坦环境保护和土地资源委员会
16	《林业组织活动安排》	2015~2016	土库曼斯坦环境保护和土地资源委员会
17	《林业基金数据使用的条款、条件和条例》	2017~2018	土库曼斯坦环境保护和土地资源委员会、土库曼斯坦农业部
18	《林业基金所属区森林恢复（持续进行）和新林形成活动时间表》	2015~2016	土库曼斯坦环境保护和土地资源委员会、土库曼斯坦农业部
19	《林业经济和农业生产损失定义及补偿制度》	2014~2015	土库曼斯坦环境保护和土地资源委员会、土库曼斯坦财政部、土库曼斯坦经济与发展部
20	《因破坏林业法律法规和采集程序导致损失的罚款规定制度》	2014~2015	土库曼斯坦环境保护和土地资源委员会、土库曼斯坦财政部、土库曼斯坦经济与发展部
21	《土库曼斯坦林业基金经济体登记制度》	2014~2015	土库曼斯坦环境保护和土地资源委员会、土库曼斯坦农业部
22	《林业种苗库指南》	2013~2014	土库曼斯坦环境保护和土地资源委员会

参考文献

[1]   Atamuradov. A. 2005. Report on studies of timber facilities of Turkmenistan [J]. Material of FOWECA.

[2]   Babaev A.G.1982. Combating desertification in the USSR: problems and experience [J]. Moscow.

[3]   Babaev A.G., Chichagov V.P. 2007. Desertification as a negative factor in the sustainable development society. Problems of Deserts development journal [J]. Ashgabat. 2008/03.

[4]   Babaev, A.G., Freikin, Z.G. 1977. Deserts yesterday, today, tomorrow [J]. Moscow, Mysl'.

[5]   Babayev A.G., 1994. Landscapes of Turkmenistan [M]. Dordrecht: Kluwer Academic Publishers.

[6]   Baumgartner, Albert. 1984. Effects of Deforestation and Afforestation on Climate [J]. Inst. of Bioclimatology and Applied Meteorology, University of Munich.

[7]   Biodiversity of Turkmenistan [C]. 2003. Ashgabat.

[8]   Climate change of Turkmenistan [C]. 2012. Ashgabat

[9]   Elena Lioubimtseva, Roy Cole., 2006. Uncertainties of Climate Change in Arid Environments of Central Asia [J].

[10]   Environment protection and use of natural resources in Turkmenistan in 1999 [J]. 2000. Stat. Compend. Ashgabat: Turkmenstatprognoz.

[11]   Lavrov. A. P. 1959. Systematic list of soils of Turkmen SSR [J]. Ashgabat: Scientific research institute of farming of Turkmen SSR.

[12]   Lavrov A. N., Larin E. V., Orlovski N. S., Sanin S. A. 1974. Soil–Climatic distribution in the zone of Karakum canal [J]. Ashgabat, Ylym.

[13]   National Environmental Action Plan of Turkmenistan [R]. 2002. Ashgabat.

[14]   People, forest and trees in West and Central Asia [R]. Outlook for 2020. 2007. Rome, FAO.

[15]   National Actional Program on Combat Desertification in Turkmenistan [R]. 1997. Ashgabat

[16]   UNCCD. Central Asian Countries Initiative for Land Management [R]. 2005. National Programming Framework. Turkmenistan.

网络来源：

[1]　www.fao.forestry

[2]　www.unccd.int

[3]　http://msucares.com/crops/soils/phosphorus.html